LETTRE AU ROI

SUR LE MAINTIEN

OU LA FORMATION DU CONSEIL.

SE TROUVE A PARIS,

CHEZ
MEQUIGNON, rue des Saint-Pères, nº 10.
PILLET, rue des Grands-Augustins.
PONTHIEU, au Palais-Royal.

PARIS. — IMPRIMERIE D'AD. LE CLERE ET Cie.

LETTRE AU ROI

SUR LE MAINTIEN

OU L'ORGANISATION DU CONSEIL,

OU L'ON CONSIDÈRE LES CHANGEMENS FRÉQUENS

DE MINISTÈRE

COMME UN PRINCIPE DE DESTRUCTION

ET COMME UNE INCONSÉQUENCE

DANS UNE MONARCHIE HÉRÉDITAIRE.

PAR M. A. MADROLLE.

> Le chancelier de l'Hôpital étoit menacé par les catholiques et les protestans tour à tour. On auroit vu Sully succomber sous les haines de parti, si la fermeté de son maître ne l'avoit pas soutenu.
>
> (Madame DE STAEL, *Considérations sur la Révolution*)

PARIS.

AD. LE CLERE ET Cie, IMPRIMEURS-LIBRAIRES,

QUAI DES GRANDS AUGUSTINS, N° 35.

AU ROI.

Vous le savez, Sire, car vous l'avez voulu, le dernier de vos sujets a le droit d'élever la voix jusqu'à Votre Majesté, et de vous dire la vérité à vous-même. Il a surtout le droit de vous la dire, lorsqu'elle est devenue plus importante, parce qu'elle a été plus méconnue.

Ce n'est qu'à la faveur de la paix que vous nous avez ramenée, et surtout de la piété dont vous nous avez rendu l'exemple, qu'il nous est permis d'étudier et de connoître les véritables fondemens des sociétés.

Il en est d'un Roi comme d'un père : ce qu'on semble lui donner, on ne fait que le lui rendre; en sorte qu'on ne sauroit lui rappeler un devoir qu'on ne lui rende un hommage.

Vous avez senti le premier, Sire, les dangers des changemens de serviteurs fidèles, et les avantages immenses de leur maintien; vous vous êtes refusé jusqu'à la satisfaction de les choisir, pour ressentir mieux celle de les conserver; vous avez voulu continuer en tout le règne de votre vertueux frère; vous avez fait, à la mémoire de LOUIS XVIII, le sacrifice de votre amour-propre; vous avez fait servir aux intérêts de l'Etat la piété fraternelle.

Seroit-il indiscret, à l'un de vos sujets fidèles, de présenter de nouveaux motifs à la foi que vous avez aux avantages de la stabilité, et de faciliter, en conséquence, la soumission de vos peuples à vos royales volontés!

Je suis, avec la plus profonde vénération,

Sire,

DE VOTRE MAJESTÉ,

Le très-humble, très-obéissant et très-fidèle sujet,

A. MADROLLE.

AVANT-PROPOS.

Dans un siècle où nous avons si peu de foi à Dieu, et par conséquent à son action sur l'esprit humain, il est naturel que nous ayons très-peu de foi au désintéressement que la foi, ou, si l'on veut, la bonne foi inspire.

A la vue d'un ouvrage où le ministère, attaqué par tant de monde, est jusqu'à un certain point défendu, on ne manquera pas de dire, et même de croire que l'auteur écrit sous l'influence des espérances, et peut-être de l'or du ministère.

Les personnes qui me connoissent, celles même qui sauront lire les écrits que j'ai déjà publiés, sauront aussi que j'aurois pu, comme un autre, obtenir des faveurs du gouvernement du Roi, mais que j'ai préféré à ses autres faveurs celle de le défendre (ce qui suppose la liberté de l'attaquer quelquefois); que, loin de trouver l'impatience, je trouve le bonheur dans une indépendance qui m'est propre; et que rien au monde, hormis le devoir, ne parviendra jamais à m'imposer, ou à m'inspirer une pensée.

Je ne puis que le déclarer aux personnes qui ne me connoissent pas; le temps, qui juge en dernier ressort les hommes ainsi que les choses, les convaincra tôt ou tard de la vérité.

Le devoir d'un écrivain est de défendre la vérité : si telles ou telles personnes, si tels ou tels ministres y gagnent, cela doit lui importer peu. La seule chose qu'il ait à considérer, c'est le salut de la monarchie.

Après avoir dit que j'écris sous les inspirations du ministère actuel, ou du ministère qui le suivra, on ne manquera pas de dire en outre que j'écris sous celles de ces malheureux Jésuites et de cette pauvre congrégation.

Il me faut le déclarer encore :

Si par *Jésuites*, *congrégation*, ou *parti-prêtre*, on entend, comme il y a lieu de le croire, l'Église universelle, qui a éclairé de son flambeau, et enrichi de sa charité l'univers, qui n'a jamais été bourreau et qui fut toujours victime, que Dieu a fondée et que son esprit anime, j'avouerai sans crainte que c'est sous ses inspirations et dans son intérêt que je me conduis.

Après tout, nos adversaires, de leur côté, cèdent bien un peu aussi à des inspirations étrangères ; et puisque pour agir il faut des inspirations, je préfère celles de l'Eglise aux autres. Alors, du moins, on ne pourra plus penser que c'est un misérable intérêt qui nous porte à écrire. S'il fut un temps où la défense du clergé put conduire à la fortune, ce temps est passé... Elle ne sauroit plus mener qu'à la mort... Il est vrai que ce seroit à l'honneur !

« Des voix éclatantes se sont élevées, depuis quelque temps, pour dresser des actes d'accusation ou faire des apothéoses ; des sujets de tous les rangs, des écrivains de tous les partis et de tous les ordres, franchissant l'intervalle qui sépare les peuples des souverains, n'ont pas craint de pénétrer dans le sanctuaire de la majesté, pour lui demander des élévations ou des déchéances.

» Au temps qu'on a choisi pour manifester de telles demandes, à l'union bizarre des hommes qui les adressent, au temps pris pour les former, à leur perpétuité, à leur violence, on diroit qu'elles sortent du domaine des *doléances*, pour rentrer dans celui des prétentions.

» Un état de doute, et par conséquent d'anxiété et de souffrance, est résulté de là dans l'ordre social tout entier.

» Il est temps de le faire cesser, de rapporter le grand procès qui en est la cause, et, sinon de rendre, du moins de préparer le jugement des accusations et des apologies. »

Voilà ce que nous disions, il y a quatre ans, dans une *circonstance grave*, toute semblable au fond à celle où nous nous retrouvons ; lorsqu'enfin les écrivains, les orateurs et les journaux libéraux (et jusqu'à ceux qui ne devroient pas l'être), demandoient de concert, à grands cris, un changement de ministère, comme il venoit d'y avoir un changement de roi.

Le Roi s'est contenté de répondre qu'il *continuoit le règne* et par conséquent le ministère *de son vertueux frère;* et tout le monde a fini, comme il arrive toujours et comme il arrivera encore, lorsque *le Roi sait* et veut, par être de l'avis du Roi.

Jusqu'à présent, tout le monde s'est contenté de voir les erreurs (il y a même quelqu'un qui a cru sérieusement voir les crimes (1)) du ministère, et de sentir le besoin de le changer.

(1) L'un des chefs, ou plutôt l'un des instrumens les plus aveugles de l'opposition, M. de Montlosier, vient de tirer franchement l'extrême conséquence de cette opinion, qui finit par être comique à force d'être effrayante. Dans un dernier écrit, que l'orgueil a conçu, que l'aveuglement a tracé, que l'absence absolue de talent et même d'originalité caractérise, comme tous ses derniers libelles, et dont la révolution seule peut faire son profit, il vient de déclarer que M. de Villèle a mérité.... *la mort*, et que, s'il étoit son juge, il la prononceroit, *en son ame et conscience, devant les hommes*, et peut-être *devant Dieu !!! Et nunc, reges, intelligite !*

Ne seroit-il pas bon, et ne seroit-il pas temps de voir, sinon ses bienfaits (1), du-moins les malheurs de son changement?

(1) Quelles sont, après tout, les fautes du ministère?

Il n'y a rien de décisif comme des faits; or en voici

Après sept années qu'il est resté au pouvoir, il peut, je crois, porter le défi à UN SEUL FRANÇAIS de lui dire, en connoissance de cause, « vous m'avez, directement et même indirectement, privé illégalement d'un seul de mes droits religieux, civils et mêmes politiques »....

Le recrutement n'a jamais été moins redouté.

Les impôts, loin d'avoir été augmentés, sont déjà partout mieux répartis, et même diminués.

La charge de la garde nationale, dont tout le monde, hormis l'état-major, se plaignoit, a été supprimée.... J'oubliois qu'on en a fait un crime au ministère..... Il est vrai que ce sont les gens qui vouloient peut être s'en faire un instrument aveugle de révolution (*a*) !!!

En général (et qui pourroit répondre d'exception en cette matière?) il n'est pas une fonction publique ou une faveur particulière qui ait été donnée à un homme indigne, et il n'est pas un homme célèbre, et même un homme de mérite, lorsqu'il a été connu, qui n'ait été encouragé, honoré ou récompensé.

Les hommes *seuls* qui voulurent contrarier le ministère ou l'attaquer, et encore en très-petit nombre, sont restés en dehors de lui ou de ses grâces. Ceux qui lui feroient un crime de ne pas élever ses adversaires, et même de les attaquer, lui feroient un crime de son existence.

Quel est, dans le monde, l'homme qui ne se feroit pas un devoir de ce crime-là?

Aux cris des peuples opprimés, comme à la voix des rois menacés, nos armes ont triomphé à Cadix, et triomphent encore aujourd'hui à Navarin.

Au dedans, les nombreux complots qui ne cessèrent d'ébranler la monarchie depuis les premiers jours de la restauration, jusqu'à la formation du dernier ministère, ne se sont montrés que pour être réprimés et punis, à la voix ainsi qu'*à la diligence* courageuse du Garde des sceaux (*b*).

Je ne ferai pas à la *police* du ministère un mérite de la fin des troubles de la rue Saint-Denis.

(*a*) Voyez dans l'énergique *France chrétienne*, du 14 novembre, un *Appel* incroyable *à la Garde nationale de Paris*.

(*b*) Voyez sa belle *profession de foi* à la Chambre des Députés de cette époque.

Et si le Roi, ou si le ministère lui-même, trouvoit ce changement nécessaire, ne seroit-il pas bon de voir, et surtout de faire voir les dangers des changemens en

Il lui étoit facile de les appaiser; car on l'accuse de les avoir lui-même provoqués (*a*)!

La paix la plus profonde, la prospérité la plus éclatante (celle du moins qu'on demande, quoiqu'elle soit la plus périlleuse, celle des arts), règnent de la *rue Saint-Denis* jusques aux provinces les plus *obscures*.

La Charte a proclamé sans doute la liberté des catholiques comme celle des autres; le ministère a *toléré* les Jésuites, qui respectent eux-mêmes tout le monde, et qui ne demandent rien à personne.

Cette misérable *tolérance-là* seroit-elle un crime?

Le ministère, et même le *conseil* et le *bureau de censure* ont respecté jusqu'à cette liberté de tout dire, qui, grâce à l'indulgence, ou plutôt à l'inamovibilité et par conséquent à l'opposition naturelle de la magistrature, va droit, et tous les jours, à la liberté de tout faire, car, dans le fonds, qu'est-ce qui oseroit, de bonne foi, soutenir que la liberté de la presse est anéantie, lorsqu'il peut écrire dans les livres, dans les brochures, et dire partout *les petites choses* qu'il lui a été interdit de placer dans les journaux pendant quelques semaines?

Le ministère a laissé tous les genres de libertés aux peuples. Il vient même de leur laisser la liberté que ne leur laissent par leurs courtisans, la liberté des élections. Il leur laisse enfin jusqu'à la liberté de l'attaquer sans frein et sans mesure.

Voilà peut-être les crimes du ministère. nous les avons nous-mêmes signalés; nous avons fait plus, nous en avons prédit littéralement les conséquences, déjà réalisées (*b*).

Sont-ce ces crimes-là que vous lui reprochez?

Mais enfin, dira-t-on, après tout le ministere a violé la Charte!

Violeroit on, par hazard, la Charte, lorsqu'on respecte les droits des citoyens?

On peut dire du ministere ce qu'on a dit de Louis XVI, ce qu'on pourroit

(*a*) Les insurrections du peuple, on peut être sûr de les prévenir, mais de les arrêter, jamais Les premieres victimes des attroupemens populaires de la rue Saint-Denis eussent eté certainement les ministres: diroit-on, sans rire, qu'ils les ont suscités?

(*b*) Dans deux ouvrages plus particulierement, *la Defense de l'Ordre social*, et l'Avant-Propos *des Dangers de la Liberté de la Presse, demontres par les sophismes de ses defenseurs.*

cette matière, quand ce ne seroit que pour faire mieux sentir le devoir de composer enfin un ministère assez éclairé, assez vertueux, assez fort, assez honorable, susceptible enfin de long-temps durer?

Le premier titre du ministère actuel à sa continuation, c'est son existence depuis sept années.

Supposons-le changé, son changement ne feroit que rendre un peu plus nécessaire la durée de son successeur.

La durée du mal est la mesure de la durée du bien.

Mais pour avoir le droit, dans les plus chers intérêts de la monarchie, d'être inamovible, un ministère a besoin d'être bon.

Les heureux effets du maintien d'un ministère dépendent donc essentiellement de la bonté de son choix.

Le choix des hommes est en effet, dans un gouvernement, la seule chose dont toutes les autres dépendent.

C'est la première fonction de la royauté comme de tous les autres pouvoirs.

Et quel est, après tout, le bon ministère?

Ce n'est pas celui qui ne craint que les *Chambres*, et qui ne se croit *responsable* qu'envers elles (1); c'est celui

dire aussi des *Jésuites*, des *congrégations* et du *parti-prêtre*. « Ses ennemis » l'ont accusé d'être tyran, et ils n'ont pu le détrôner que parce qu'il ne » l'étoit pas (*a*). »

Les *libéraux* attaquent le ministère.

L'Eglise gallicane, et même l'Eglise universelle, défendent le ministère de la seule manière qu'elles peuvent le défendre, en défendant les doctrines qui le défendent. Je ne sache rien de plus glorieux. Nul autre ministère n'a eu cette gloire avant lui, depuis la restauration.

Le petit nombre des *royalistes* qui attaquent le ministère de concert avec *les libéraux*, l'auroient-ils oublié?

(1) Art. 13 et 55 de la Charte.

(*a*) M. de Ségur

qui craint Dieu, et qui se croit responsable envers lui (1).

Louis le Grand, qui avoit coutume de dire que *gouverner c'étoit choisir*, avoit coutume aussi de choisir comme cela.

On ne sauroit rien dire, et l'on ne sauroit rien accomplir de plus grand.

Nous avons, il est vrai, bien des gens pour adversaires. Leurs habiles ne viennent-ils pas de prétendre, en partant du seul fait des élections dernières, que la France toute entière étoit de l'opposition (2)?

« Les majorités numériques dans le monde sont nulles; que dis-je? elles sont mortelles, isolées de l'*unité* religieuse et monarchique qui les unit, les préside, les règle, les gouverne enfin.

(1) « Je ne vivrai point, disoit le grand roi David, avec celui qui a les yeux altiers et le cœur insensible. Mes yeux chercheront ceux qui sont fidèles sur la terre, pour les faire asseoir auprès de moi : je prendrai pour ministre celui qui marche dans une voie pure et sans tache (*a*). »

Un autre roi, bon aussi, éclairé, pieux, auquel aussi la providence avoit rendu une couronne que les fautes de son père avoient perdue, et qu'il perdit lui-même par les fautes de son frère et par les siennes propres, éclairé enfin, mais trop tard, par une triste expérience, disoit à *son fils*, pour le cas où *il auroit le malheur d'être roi :*

« Prenez un soin particulier à *n'accorder votre confiance à aucun athée* ou à aucun homme de mauvaises mœurs; tous ces gens vous manqueront *au moment du malheur*; celui qui est fidèle à son Dieu ne peut manquer de l'être à son roi. Employez ceux-ci, fiez-vous à eux, et qu'eux seuls jouissent de votre confiance et de votre faveur...... N'employez les esprits forts qu'avec les plus grandes précautions; ils sont d'ordinaire altiers dans leurs principes, et fourbes dans leur conduite.

» Quant à ceux qui tournent à tous les vents, ils sont presque toujours lâches et sans jugement (*b*). »

(2) *Courrier français* du 13 décembre.

(*a*) Ps. c.
(*b*) *Conseils de Jacques II à son fils.*

» C'est lorsqu'elles sont gouvernées, et alors seulement, que leur *opinion* vraiment *publique* est vraiment aussi la *reine du monde*, que *la voix du peuple est la voix de Dieu*, et que l'*être qui a le plus d'esprit* est *tout le monde* (1); car il n'y a point de locutions universelles, ou si l'on veut, d'adages et de mots tenus pour spirituels, qui n'aient leur côté vrai (2).

» Et cela est aussi de sens commun, de nature et d'ordre : que seroit-ce qu'une vérité qui, ainsi que la force, dépendroit du nombre, du poids et de la mesure ?

» L'opinion publique ne doit se considérer que selon l'autorité; je le crois bien : on ne pourroit pas même la concevoir sans cela; car, ne fût-ce que pour compter les voix, il est besoin d'une autorité, c'est-à-dire, d'une supériorité, et par conéquent d'une *unité*.

» Vous qui croyez et qui voulez des *opinions publiques* différentes, et ne voulez pas de *souverainetés du peuple* et de *révolutions*, vous ne savez pas ce que vous voulez. Lorsqu'on proclame la raison du nombre, c'est la raison du régicide qu'on proclame; car à quoi bon les rois, si les peuples ont raison sur les rois?

» Quand l'opinion crie plus fort, comme cela se voit aujourd'hui, c'est précisément qu'elle a plus besoin de n'être point écoutée, et d'être rompue et refaite.

» On dira au peuple : Voyez comme on vous traite ! Je lui dirai : Voyez comme on vous trompe ! Autrefois c'étoit aux rois à se mettre en garde contre les flatteurs; de nos jours, c'est aux nations.

(1) Mot du prince de Talleyrand.

(2) Il en est du goût dans la littérature comme de la vérité en politique : les majorités ne le font pas, elles le reçoivent du génie, qui, aussi, est presque toujours seul. Principe général : nulle vérité, nulle loi, nul bien sans autorité, et même sans unité.

» J'ai supposé une majorité nationale pour adversaire au ministère : il n'a peut-être qu'une coterie pour jaloux....

» Mais ces gens-là déclamant fort et tous les jours, et se montrant *seuls*, ils paroissent *tout le monde*. »

Voilà ce que nous disions encore, il y a quatre ans, dans l'écrit que nous avons déjà cité, où nous avons eu le bonheur de juger MM. de Montlosier, de Châteaubriand, etc., comme tous les vrais royalistes les jugent à présent.

Nous ne saurions mieux le dire, et surtout mieux l'appliquer aujourd'hui.

Après tout, pourrois-je vouloir ulcérer nos adversaires? A Dieu ne plaise ! Je l'ai dit, et je me plais à le répéter, je n'ai jamais attribué leurs erreurs ou leurs passions qu'aux nôtres, comme j'ai toujours attribué leur force à notre foiblesse. La puissance, étant nécessaire à l'existence même du monde, doit toujours être quelque part; et les peuples ne sont jamais souverains, que lorsque préalablement les gouvernemens sont devenus sujets.

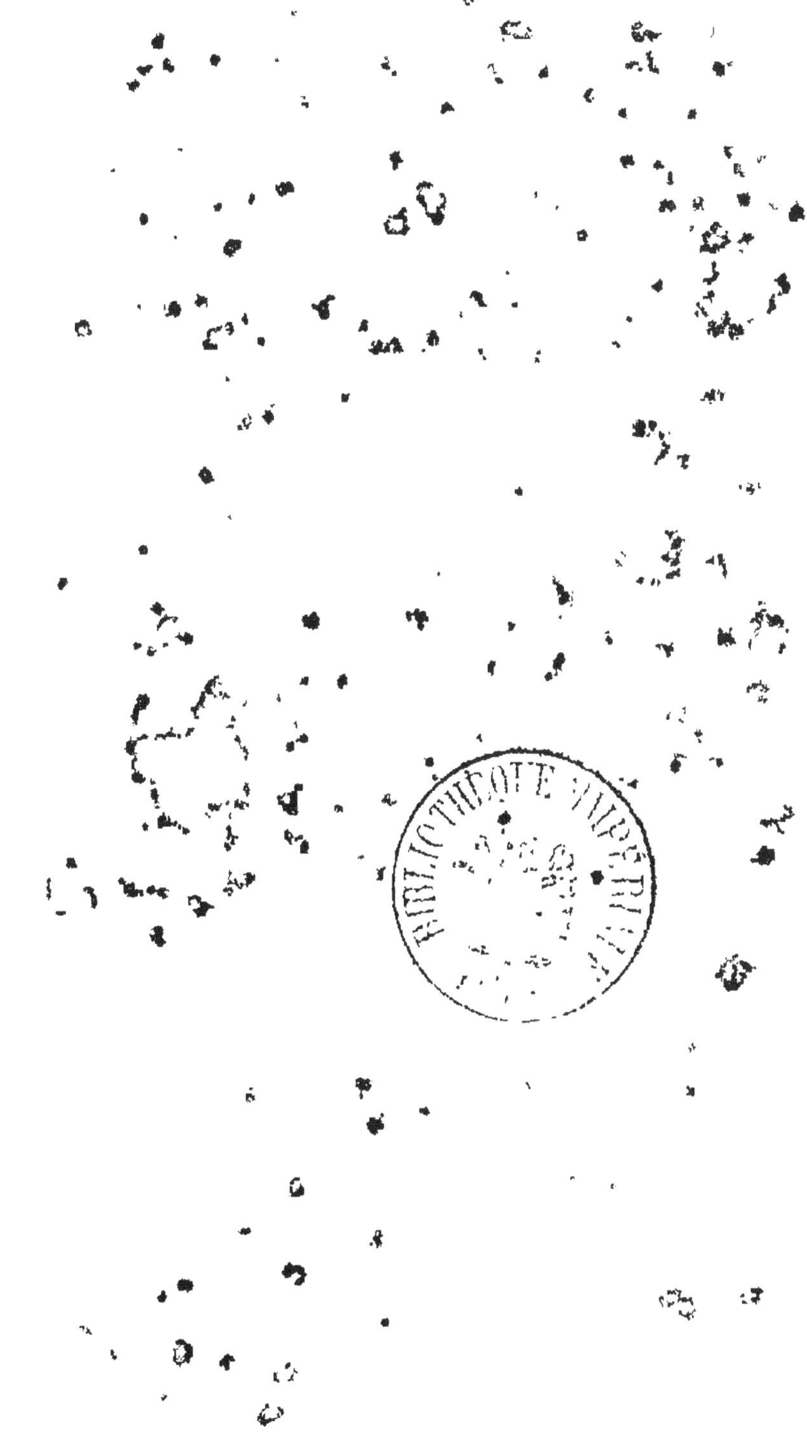

LETTRE AU ROI

SUR LE MAINTIEN

OU LA FORMATION DU CONSEIL.

LA démonstration des dangers de la mobilité du ministère, que je regarde comme un devoir dans une monarchie, après une seconde restauration, et sous le successeur de Louis XVIII, lorsqu'enfin le ministère est naturellement bon, seroit un crime dans une révolution, lorsque le ministère est naturellement mauvais.

Le ministère n'est pas autre chose que la royauté même en action, et c'est pourquoi les plus grands rois n'ont pas eu de ministres (1),

(1) Édouard, par exemple.

ou les ont pris dans les princes, et quelquefois dans leurs familles (1).

La durée d'un ministère doit, autant que possible, se rapprocher de celle de la royauté, dont il est l'image et le premier fonctionnaire.

La mobilité du ministère, dans une monarchie héréditaire, est un vrai contre-sens.

La mobilité des ministres est en effet le plus grand fléau qu'on puisse redouter, après celui de la mobilité du pouvoir.

Ce fléau n'excepte rien de ses ravages; il frappe à la fois, par coups et par contre-coups, et les ministres eux-mêmes, et le parti toujours immense qui tient à eux, et les peuples, et la royauté.

Nous sommes moins ce que notre caractère nous fait, que ce que nous fait notre position.

Un ministre est honnête homme, il est éclairé, il est même doué d'un grand talent de pensée, d'élocution ou d'administration : supposez-le dans un système, comme voici le nôtre, où il est à la fois en butte à de perpétuelles contradictions, à des attaques sans fin dans la société,

(1) Le duc de Bourbon-Condé, beaucoup de reines-mères, de frères et même de fils de rois, tels que don Juan d'Autriche et Philippe II d'Espagne, furent ministres.

dans les deux chambres, à la cour, chez lui; dans un système où il n'est jamais sûr, en se couchant avec la faveur, de se réveiller avec elle; vous le découragez, vous lui ôtez la volonté, parce que vous lui ôtez le temps de s'instruire dans l'art de gouverner; vous paralysez une grande partie de son talent, et quelquefois son talent tout entier : le moyen d'être à l'État, il faut qu'il songe à lui-même !

Et puis cet affoiblissement que vous produisez dans l'esprit, dans la volonté, dans l'action du ministre, avec l'anxiété de son incertitude, vous le produisez en même temps, et par conséquent, dans l'esprit, dans la volonté, dans l'action de tous les fonctionnaires qu'il a lui-même choisis ou maintenus, qui vont à sa suite et qui en dépendent.

La crainte de la disgrâce, qui influe sur la capacité, influe aussi sur la conduite du ministère et de ses adhérens.

Son premier soin, c'est la haine, et quelquefois la persécution de ses rivaux.

Souvent ce premier soin conduit à un autre soin plus effrayant encore, c'est le ménagement et même l'affection de ses ennemis.

On a peur de tous les partis; on les flatte tous.

L'autorité doit être partiale en faveur de la vérité et de la vertu, en faveur du vrai mérite, et l'on conçoit, on adopte, on applique un système d'impartialité. On édifie d'un côté ce qu'on détruit de l'autre. On neutralise le bien que font les hommes éclairés et les honnêtes gens, par le mal que font ceux qui ne le sont pas; et comme, toutes choses égales, l'erreur (au moins pour un temps) l'emporte sur la vérité, le mal sur le bien, la restauration se retire à mesure que la révolution revient.

Les honnêtes gens mêmes, gâtés par leur contact avec les autres, ont fini, sans s'en apercevoir, par se confondre avec eux, et la monarchie, conduite à la mort, peut dire, aussi bien que César : *Et vous aussi, mes enfans, vous êtes dans le rang de mes bourreaux !*

Je reviens à mon sujet, s'il est vrai que je m'en sois écarté.

Le ministre heureux, et tout ce qui s'élève à sa suite, ne doit pas compter sur le temps et sur la reconnoissance; il se dédommage par l'activité ou l'égoïsme. On pouvoit s'élever à la gloire, on se contente de descendre à la fortune. On épie les avantages, les places, et surtout les places inamovibles de son département, ou les riches dots de son salon, pour les donner à ses amis, à ses parens, à sa famille, quand on ne peut les cumuler soi-même. On donne ensuite à ses anciens rivaux ou à ceux de ses héritiers présomptifs qui veulent bien accepter, afin de se les attacher dans une adversité redoutée (1). Le surplus, on le laisse vacant (2), de peur de désespérer ou de mécontenter ceux à qui on ne l'auroit pas donné. S'il reste quelque chose, cela pris, ce sera pour le vrai mérite.

Croit-on que la société se trouve bien de cela ?

Otez la durée d'un ministère, et nous ne connoissons plus de gloire dans l'État, car il n'y a plus de grandeur. Tout se rapetisse à la vie de l'individu. C'est le lit de Procuste, selon lequel il faut tout couper. C'est le momentané au lieu de l'immortel. Le célibataire hésite à planter, dans la crainte de passer avant la venue; il cueille le blé en herbe, de peur que la moisson ne lui échappe; il effrite la terre, pour ne rien laisser après lui.

Voilà le mal qui résulte de la crainte du changement du ministère, voici les maux qui résultent de son évènement.

(1) Un Montmorency, ministre même pour une année, il est vrai, n'a pas besoin de tout cela, mais sont-ce des Montmorency qui figurent d'ordinaire dans les révolutions de ministère ?

(2) Il y en a eu, et il y en a encore de notables exemples.

Le ministre et tout le monde qui tient à lui, sa famille particulière, ses alliés, ses amis, se trouvent de suite avec ces impatiences de leur rentrée dans la vie privée, avec ces jalousies, ces ressentimens, et ces haines toujours grosses de vengeances privées et de factions politiques. L'eût-on combattu naguère, on entre naturellement dans le parti de l'opposition au nouveau ministère, et l'on se hâte même, à tout prix, de le former, s'il n'existe pas.

Alors même qu'il se croit, et qu'il est au fond le plus éclairé et le mieux intentionné, le ministre arrivant souffre, comme celui qui part, du système de mobilité.

Il remplace un homme, il avoit lui-même attaqué son système d'administration, il avoit même attaqué sa personne : il faut bien qu'il adopte, quelqu'injuste qu'il soit, un système politique, et mène un genre de vie privée différens et même contraires.

Son élévation est fondée sur la chute d'un parti qui nourrit le ressentiment et conspire la victoire; et il ne s'est élevé, quoi qu'il ait pu faire, qu'au préjudice et au regret de ses anciens collègues en opposition, et quelquefois en démocratie, de ses collègues qu'il a humiliés ou placés à côté de lui, et qui, par conséquent, ne le haïssent ou ne le jalousent que davantage.

Nos prédécesseurs nous haïssent : nous leur rendons naturellement la pareille. La haine que nous portons à leur personne s'étend à leurs doctrines, ainsi qu'à leurs propositions, à leurs patronages, quels qu'ils soient, par cela seul qu'ils sont les leurs.

Mais le mal le plus grand est encore pour les peuples et la royauté.

Le dernier des citoyens s'accoutume, parce qu'il croit y avoir intérêt, à mépriser, à haïr, à attaquer les ministres et par conséquent les rois.

Avec de pareilles habitudes, avouons-le, l'esprit d'obéissance, d'humilité, sans lequel la paix, la tranquillité de l'ame, le bonheur enfin ne se conçoivent guère, est bien aventuré.

Lorsqu'on voit les ministres se succéder chaque année, et quelquefois à des intervalles plus rapprochés, aujourd'hui surtout que les peuples sont en effervescence, aujourd'hui qu'il y a des chambres, des collèges électoraux, des jurys, des tribunes pour parler, et des journaux sans fin pour écrire; aujourd'hui que tout le monde entend parler de gouvernement et même y aspire, qu'on veut être électeur, éligible, député pour être ministre, il n'est pas un éloignement de ministre qui n'excite un ébranlement universel. Toutes les ambitions sont réveillées (1), et presque toutes pourtant elles doivent être trompées.

Il ne sauroit y avoir de mal plus grand.

Il en est de la mobilité du ministère comme de toutes les mauvaises lois.

Les bons, loin d'y gagner, y perdent.

Ils perdent en particulier l'espoir naturel de s'élever, nécessaire à leurs talens et même à leurs devoirs. Comment solliciter, et comment obtenir, lorsqu'on est noble et fort, lorsque les concurrens sont universels et que les ministres eux-mêmes n'ont guère pu arriver au pouvoir sans être convaincus de passion?

Les méchans seuls y gagnent, et ce n'est jamais que pour un temps.

Alors les gouvernemens traitent les peuples comme ils en sont traités. Les impatiences, les ambitions désordonnées des sujets appellent nécessairement la tyrannie du pouvoir, comme le crime provoque le châtiment.

(1) On ambitionne le portefeuille du ministre, on ambitionne l'accroissement de sa fortune, les nobles et riches alliances de ses enfans, on jalouse jusqu'à son hôtel. (Voyez les feuilles libérales de l'époque où le ministre des finances est venu s'établir rue de Rivoli.)

Les grands seigneurs ont des hôtels, on en voit même à des bourgeois et à beaucoup de simples négocians de magnifiques; il seroit singulier que le premier ministre d'un roi de France fût réduit, comme il l'étoit, à n'habiter qu'une maison inhabitable.

Partout enfin où, comme en France sur la fin du dix-huitième siècle ou dans le commencement du dix-neuvième, la monarchie a manqué le choix de ses ministres, les ministres et quelquefois les princes se sont succédés comme les flots de la mer, mais comme eux aussi ils ont dévoré le rivage.

Les peuples y perdent les mœurs et la justice; le pouvoir suprême y perd la dignité : car on aura beau dire que la royauté est impeccable, même infaillible, et que les ministres seuls sont coupables et responsables du mal qui arrive, les peuples ne s'arrangent pas de fictions, et ils ne voient pas un changement de ministre, qu'ils ne voient aussi une légèreté dans le monarque.

Comme les changemens sans fin de ministère entraînent avec eux tous les malheurs, leur durée a pour elle tous les avantages.

Les ministres y gagnent de la capacité, de la vertu, de la force; les peuples, de la justice; les rois, de la fidélité et de la grandeur.

Le ministre qui se sent libre de la haine des autres, ou de haine envers les autres, qui n'a point de rivaux ou qui n'a rien à craindre d'eux, qui a pu *s'entourer de ses amis et tendre la main aux autres* (1); le ministre qui peut laisser venir les biens et les honneurs avec le temps, qui n'a rien à redouter de ses fautes (car un ministre de cette nature ne commet pas de crimes), qui sait qu'il pourra continuer ce qu'il aura commencé; le ministre qui se croit sûr de l'attachement et de l'amitié de son roi; le ministre, enfin, qui peut dire :

« Je suis maître de moi comme du ministère. »

est le ministre par excellence.

Qu'est-ce qui l'empêcheroit de connoître la vérité, de la professer, de la pratiquer? en un mot, qu'est-ce qui l'empêcheroit d'être habile? Notre esprit est toujours la dupe de notre cœur. L'homme vertueux est presque toujours éclairé. Le premier, et peut-être le seul obstacle à notre capacité, c'est l'amour que nous avons de la grandeur, c'est l'ambition enfin, et la sienne est rassasiée.

Qu'est-ce qui l'empêcheroit d'être juste? Nous le supposons éclairé, nous le supposons franc de ces vains intérêts du monde et de l'amour-propre dont la *recherche* seule rend mauvais, et dont la *Possession* rend bon.

(1) Belle expression de Charles X.

Qu'est-ce qui l'empêcheroit d'être fort? La force est la conséquence de l'habileté et de la vertu, et nous avons vu que l'habileté et la vertu sont les apanages naturels de la stabilité. D'ailleurs, il a mérité le choix, il s'est concilié l'attachement et peut-être l'amitié de son roi, c'est dire assez qu'il a sa puissance.

Il est respecté, il est révéré, si vous le voulez, il est craint de tout le monde; il n'a pas seulement ses forces, il a encore celles de ses amis, il a jusqu'à celles de ses adversaires.

Les avantages que le ministère retire de la foi qu'il a de son inamovibilité, il est évident, et nous n'avons pas besoin de faire sentir que tous ses délégués les obtiennent à leur tour.

Quel ne sera pas l'amour d'un ministre pour un peuple qu'il n'a pas cessé et qu'il ne cessera pas de gouverner! Que ne fera-t-il pas pour une monarchie qu'il servira toujours! L'homme ne conserve, n'étend et n'embellit une chose, que lorsqu'elle est sa propriété pour toujours, comme le cœur ne se dévoue que lorsqu'il sait qu'il est immortel, et le principe de la religion et de la monarchie est encore celui du ministère.

Mais le plus grand bien que les peuples retirent de la durée d'un ministère n'est pas le bien-être physique, mais la tranquillité morale de leur existence.

Le gouvernement est devenu stable : nous n'avons plus d'alimens à la haine de celui dont la chute peut favoriser notre ambition, et aux factions dont cette haine est la source féconde. Loin de haïr ou de jalouser l'autorité secondaire, nous la respectons, nous la révérons même, parce qu'elle nous est décidément supérieure : nous n'avons rien à en redouter, et tout à en attendre. Elle est devenue pour nous tout ce qu'elle est, l'image de l'autorité première, la *seconde majesté de la monarchie*. Nous n'aspirons qu'à des agrandissemens naturels, ou même nous n'aspirons à rien, hormis à continuer d'être ce que nous sommes, et de faire ce que nous faisons ; et après tout, s'il y a bonheur au monde, il est là.

Lorsque le ministère stable est à la fois habile, juste, puissant, respecté, honoré, c'est au fond la royauté qui est puissante, juste, habile. Un privilège du pouvoir, c'est de s'approprier tout le bien qui se fait, et toute la gloire qui se recueille sous son empire. Le ministère ne sauroit s'élever, que la royauté, qui l'a formé et qui le soutient, elle-même ne s'élève, comme l'homme ne sauroit être vertueux, qu'il ne glorifie son créateur.

Les analogies ou les faits, en cette matière, viennent tous à l'appui du raisonnement.

Il n'y a rien au monde de plus naturel, de plus bienfaisant, de plus nécessaire, que la monarchie héréditaire, où le pouvoir est affecté de la plus grande inamovibilité possible; comme il n'y a rien de plus factice, de plus funeste et de plus difficile que les monarchies électives, où le pouvoir est viager, et surtout que les républiques, où le pouvoir est frappé d'une mobilité perpétuelle.

La royauté est naturellement inamovible, comme la paternité, et par les mêmes raisons. Pourquoi le ministère, qui n'est pas autre chose que la première délégation de la royauté, et même la royauté en action, ne seroit-il pas inamovible comme elle? La royauté est un type sur lequel tous les autres pouvoirs, et surtout les plus grands, doivent, autant que possible, se former. Toutes les grandes charges de la monarchie française, qu'on peut considérer comme le modèle des autres monarchies, furent dès le principe et presque toujours inamovibles et souvent héréditaires. La pairie, la magistrature, etc. le sont même encore. Le ministère, qui institue la pairie et la magistrature, auroit-il moins besoin, auroit-il moins le droit d'être inamovible qu'elles?

On a donné l'inamovibilité à la magistrature,

afin de lui donner le temps de s'instruire, c'est-à-dire, le grand moyen de ce qu'on appelle l'expérience. Le ministère, qui a de bien plus grands devoirs à remplir que la magistrature, auroit-il moins besoin de l'inamovibilité pour les accomplir ?

Si l'inamovibilité de la magistrature pouvoit se fonder sur son indépendance du ministère, ne pourroit-on pas fonder aussi l'inamovibilité du ministère sur son indépendance de la royauté ? Les royalistes récuseroient peut-être un argument de cette nature, mais au moins les libéraux ne sauroient le récuser.

Voyez le gouvernement de l'Église, qui a toujours été si éminemment régulier et par conséquent si efficace, si bienfaisant : tout, depuis les plus simples vœux jusqu'au sacerdoce, à l'épiscopat, au généralat des ordres les plus illustres, au saint Siège, tout est inamovible.

Et pour rentrer enfin dans le sujet spécial qui nous occupe, ouvrons l'histoire, et nous verrons que l'immobilité du ministère a toujours été, chez tous les peuples, en raison de leur prospérité, et sa mobilité en raison de leur décadence.

Les grandes monarchies et les grands rois, c'est-à-dire les monarchies et les rois les plus inamovibles, ont toujours eu les plus grands ministres et les ministres les plus inamovibles, comme les ministres qui ont été le plus long-temps ministres, furent aussi les meilleurs et les plus grands ministres.

La France, qu'un célèbre protestant (1) considéroit comme *le plus beau royaume après celui du ciel*, est aussi, de tous les royaumes de la chrétienté, celui où les ministres ont été le plus long-temps dans les affaires, et où le nombre des ministres a été en général, et dans un temps donné, le moins grand; et cependant c'est en France que les affaires sont le plus nombreuses, que le gouvernement est le plus compliqué, que les jalousies sont le plus intenses, que le pouvoir est le plus et le mieux attaqué.

C'est en France qu'on ne voit, à chaque règne, et surtout aux règnes considérables, qu'un très-petit nombre de ministres; leur nombre augmente avec les petits règnes.

Les saint Ouen, les saint Éloi, les saint Léger, les saint Arnoud, etc. (nous aurons beau rire, car l'ancienneté et moins encore la sainteté n'est pas risible), apparoissent d'abord, véritables Orphées de la France, qui apprivoisoient les tigres et se faisoient suivre par les chênes.

Plus tard, on ne voit à côté de Charlemagne qu'un Eginhard.

(1) Grotius.

Lorsque le roi foiblit, le ministre se fortifie. Robert *le Fort* est le premier ministre de Charles le Chauve ; Suger l'est de Louis le Gros, il est même *régent* sous Louis *le Jeune*, son fils. On voit le seul Guérin, évêque de Senlis, à côté du grand Philippe-Auguste ; à côté de saint Louis, le seul Matthieu de Vendôme ; à côté de Charles le Sage, le seul cardinal d'Amiens.

Viennent ensuite, avec Louis XII, un Poncher, qui fit aller de front le gouvernement de l'Etat et le gouvernement de l'Église ; un cardinal d'Amboise, que ses vertus, ses lumières et son illustration, faillirent élever au souverain pontificat.

Charles le Sage n'eut, pendant les quinze années de son règne, que huit ministres de tous ordres ; Louis XII, pendant les dix-sept ans du sien, n'en eut que huit ; François Ier, qui régna trente-deux ans, en eut dix-neuf seulement ; Henri IV n'en eut que vingt en vingt-un ans. Enfin Louis XIII, qui régna trente-trois ans, n'eut que trente-neuf ministres ; et Louis XIV, qui en régna plus de soixante, n'en eut que quarante-huit (1).

Lorsque les Bourbons proprement dits adviennent au trône, les ministres sont plus nombreux, parce que les affaires s'accroissent ; mais

(1) J'en ai compté QUATRE-VINGTS sous Louis XV, et AUTANT sous l'infortuné Louis XVI !!!

ils sont presque toujours les mêmes, et surtout leur *Président*.

Les Phélipeaux (1), les Montholon, les Brulard, les Potier, les Neuville de Villeroy, les Bellièvre, les Harlay, les Jeannin, les Cheverny, s'élèvent sous Henri IV, et même sous ses prédécesseurs, pour continuer leur illustration exclusive sous Louis XIII, sous Louis XIV, sous Louis XV et même sous Louis XVI.

A côté de Louis XIII plus particulièrement, et puis à côté de Louis le Grand, s'élèvent les Letellier, les d'Aligre, les Marillac, les du Vair, les Bouthiller, les Loménie, les Molé, les Séguier; mais au milieu de cela on ne voit toujours qu'UN HOMME, et d'ordinaire un grand homme, qui fait ou adopte, et domine tout le reste. C'est un Sully sous Henri IV, un Richelieu sous Louis XIII, un Mazarin ou un Colbert sous Louis XIV, un Fleury sous son petit-fils.

Il falloit que les rois sous lesquels la monarchie fut le plus forte, sentissent bien les avantages de la stabilité de leurs ministres. On a vu Louis XIV, en particulier, refuser long-temps la démission de Pontchartrain, et s'opposer formellement à celle de Michel Letellier, qui avoit pourtant soixante-quatorze ans. Les deux grands rois de la France soutinrent même leurs premiers

(1) De Pontchartrain, de Vrillère, etc.

ministres contre leurs peuples (1) et contre leurs cours. Ils leur sacrifièrent plus d'une fois la famille royale elle-même ; ils coururent, dans leur intérêt, les chances même des guerres civiles ; et la *Fronde*, comme on sait, n'étoit pas autre chose que la *Ligue* des grands et des princes contre Mazarin.

La plupart des ministres d'Henri IV, de Louis XIII, de Louis XIV, sont morts ministres ; et s'ils manquèrent de consommer leurs projets pour la prospérité de l'Etat, ce n'est pas la volonté ou l'appui de leurs maîtres, mais le temps seul qui leur a manqué.

Louis le Jeune pleura Suger à sa mort, et la cour toute entière de Louis XIV porta le deuil de Mazarin, comme elle eût porté celui d'un roi contemporain.

Le ministère, à force de se trouver stable, et même viager, tend même à se constituer, comme la royauté, héréditaire.

La plupart des familles que nous venons de voir figurer sous Henri IV et ses successeurs, et surtout celle des Phélipeaux, des Brulard, des Potier, des Letellier, sont des familles qu'on peut considérer comme ministérielles par droit de nature.

Lorsqu'un grand roi n'a point trouvé les suc-

(1) On compte jusqu'à quarante-sept volumes de libelles publiés contre le seul Mazarin.

cesseurs de ses grands ministres dans leurs familles, il les a pris dans leur testament. Richelieu légua Mazarin à la monarchie (1), et, à son tour, Mazarin lui légua Colbert.

Ces successions extraordinaires n'ont point été répudiées.

Faut-il, après tout, s'étonner du prix que les grands rois mettent à des ministres dignes d'eux? Ils savent, et nous verrons que les ennemis des rois (et quelquefois il s'en trouve dans les rois), confondent leurs serviteurs avec eux.

Ce qui est vrai de la France, l'est des autres nations, selon qu'elles sont plus ou moins gouvernées, plus ou moins prospères à sa façon; et pour n'en citer que quelques exemples, qu'il seroit plus inutile que difficile de multiplier, Frédéric III, qu'on peut considérer comme le fondateur de l'Espagne, n'a pour ministre que le seul Rodrigue, archevêque de Tolède.

Le premier des ministres qu'ait eu l'Espagne, la chrétienté, et par conséquent le monde; un homme qui savoit à la fois écrire et gouverner, prier et combattre, qui sut agrandir la religion et la monarchie, et avec elles l'humanité en Europe; le cardinal Ximénès enfin, se trouve pré-

(1) « La cour, dit M. de La Rochefoucauld, cité par le président Hénault, demeura aussi *soumise* aux *volontés* du cardinal après sa mort, qu'elle l'avoit été durant sa vie. » C'est qu'ici la *soumission* n'étoit pas plus servilité, que les *volontés* n'étoient despotisme.

cisément presque seul aussi avec les deux plus grands rois de l'Espagne, *Ferdinand le Catholique* et Charles-Quint.

Un Adrien d'Utrech, qui fut depuis pape, se montre presque tout seul encore après Ximénès. On voit Philippe II, qui, de son cabinet, ébranla l'univers, depuis lequel l'Espagne ne fit que décroître, sous lequel l'Espagne fut toute-puissante; on le voit avec cet illustre chancelier de Mendoza, surnommé, par excellence, *le cardinal d'Espagne;* avec ce prodigieux cardinal de Granvelle, qui étoit aussi à la fois savant et saint, homme d'État et homme d'église, et qui eut la gloire de prendre pour modèle et d'égaler peut-être Ximénès.

Si nous jetons les yeux sur les Etats du Nord, la vérité n'est pas moins éclatante. Les deux plus grands rois d'Angleterre, Edouard Ier et Henri VII; les plus grands princes de l'Allemagne, Ferdinand II, dont Gustave-Adolphe (1) *redôutoit les vertus,* Charles VI, François Ier, Marie-Thérèse (2); les deux plus grands souverains de la Prusse, le bisaïeul et le père du grand Frédéric; les plus grands rois de Pologne, Sigismond le Grand, Sobieski, Frédéric-Auguste, Stanislas Ier; les plus grands de Suède, de Da-

(1) Il s'attacha, lui, le célèbre protestant Oxenstiern.

(2) Avec qui ne firent qu'un les célèbres Trauttmendorff, Eugène, Zinzendorff.

nemarck, de Russie, Adolphe-Frédéric II, Valdemar II et Éric VIII, les deux Alexandre (1), se sont exclusivement attaché chacun un ministre qui, dans les annales du pays, se confond avec eux, et qu'ils rappellent à la mémoire.

Comme les règnes forts appellent les bons et forts ministres, les règnes foibles suscitent les ministres foibles et passagers.

En France, c'est à la fin de la ligne directe, et sous les Valois, qu'on voit les ministres se succéder rapidement. On les voit même quelquefois en 1315, en 1322, en 1328, en 1331, en 1333, descendre des degrés du trône à l'échafaud.

Dans la première partie du XVIIIe siècle, il sembloit que le grand roi qui venoit de clore le grand siècle, vivoit encore; et son petit-fils a la force de *tolérer* le long et paisible ministère de Fleury.

Le règne de Louis XV est le dernier des règnes qui procédérent, en fait de ministère, comme les grands règnes. Depuis, la monarchie française n'a fait que se dégrader, et ses ministres se sont dégradés avec elle. On sait ce qu'a été la France depuis l'avènement de Louis XVI jusqu'au retour de Louis XVIII, et l'on sait ce qu'elle fut avant. Or, elle a eu cent cinquante-neuf mi-

(1) Le premier, que l'Eglise russe a mis au rang de ses saints; le second, a qui [illegible], de nos jours, a confirmé le nom de *Grand*.

nistres dans la première période (1), et cent six seulement dans la seconde; et, pour tout montrer enfin dans un seul rapprochement, la monarchie a eu cent cinquante-neuf ministres (dont trente-huit sous Louis XVIII) dans les trente dernières années : elle n'a pourtant eu que soixante-neuf rois depuis sa fondation!

Ce qu'on a vu en France, on le voit ailleurs. En Espagne, Ferdinand VII a eu seul plus de ministres que tous ses prédécesseurs ensemble, depuis *Ferdinand le Catholique*. Henri VIII, Charles II, Georges Ier, etc., furent, de tous les rois anglais, ceux qui furent les plus fâcheux, et qui eurent aussi les ministères les plus mobiles.

« Les étrangers prirent de loin pour des per-» sonnages tous ces hommes qui figuroient dans » le *Moniteur*. Lorsqu'ils les virent de plus près, » il eût été dur de reconnoître l'illusion. L'Eu-» rope voulut justifier à ses propres yeux ses » anciens revers. Son orgueil crut à des géans, » pour ne pas convenir qu'elle avoit cédé à des » pygmées (2). » Ce que M. de Châteaubriand a dit des ministres de l'Empire, on peut, à plus forte raison, le dire des ministres des monarchies en décadence ou en révolution.

Nous avons vu les grands peuples et les grands

(1) Voyez la *Revue encyclopédique*, tom. XXX.

(2) *Conservateur*, tom. IV.

rois aller de front avec les ministres durables. Nous allons voir les grands ministres se trouver à la fois les ministres qui furent long-temps dans les affaires du royaume. Suger fut successivement ministre de Louis le Gros et régent sous son fils; Guérin, évêque de Senlis, fut ministre sous trois rois; Matthieu de Vendôme le fut successivement sous saint Louis et Philippe le Hardi; M. de Villeroy le fut sous quatre rois, et Pompone de Bellièvre sous cinq; Sully ne cessa de servir l'État qu'à la mort de son maître; Brûlard fut vingt ans ministre, Séguier le fut trente-six.

Les hommes surtout qui donnèrent le ton à l'État, les premiers ministres proprement dits, ou les ministres du premier ordre, tels que Richelieu, Mazarin, Letellier, Fleury, furent long-temps dans les affaires. Les deux premiers les dirigèrent, l'un pendant vingt années, l'autre pendant vingt-six. Michel Letellier passa de la guerre aux sceaux, à l'âge de soixante-quatorze ans: «Vous voulez, dit-il au Roi, couronner mon » tombeau.» Il resta quarante-deux années au ministère, et son fils près de vingt années et jusqu'à sa mort.

Ce qui est arrivé en France, est arrivé en Espagne et en Autriche, où la force de la monarchie s'est maintenue. En Espagne particulièrement, Rodrigue ne fit qu'un avec son roi pendant trente ans, Ximénès et don Louis de-

Haro, le rival de Mazarin, pendant quinze et même vingt années; et l'on a vu, en Allemagne, le comte de Zinzendorff et le prince de Kaunitz rester quarante années chefs de l'État sous trois souverains.

Lès longs ministères sont seuls tout-puissans pour le bien, ils le sont aussi pour le mal; cela doit être. Ce n'est qu'à la faveur de très-longs ministères, que Pombal introduisit, sous des princes foibles, la dégénération en Portugal; que Volsey soutint la tyrannie de Henri VIII, Cécil et Valsingham celle d'Élisabeth, etc., etc.; que Godolphin, qui servit successivement quatre souverains, Robert Valpole et les Pitt, qui servirent sous trois, maintinrent l'Angleterre dans un état perpétuel d'intolérance religieuse et d'hostilités commerciales; que le comte de Herzberg se rendit fauteur de la philosophie du *grand Frédéric*; que le comte de Bruhl appauvrit la Pologne dans le XVIIIe siècle; que Godoy et même Farinelly préparèrent en Espagne, et qu'un petit nombre de nos contemporains facilitèrent en France, l'invasion et la tyrannie de Buonaparte.

Voici maintenant les conséquences de la durée du ministère, et d'abord sur les ministres.

Adrien d'Utrech occupa la chaire de saint Pierre, le cardinal de Granvelle fut un temps vice-roi de Naples, et même régent d'Espagne.

Mazarin refusa, dit-on, sa nièce à un prince régnant; Zamoski, honoré du titre de *défenseur de la patrie, protecteur des lettres et de la religion,* refusa même la couronne de Pologne.

Un ministre, soutenu par son roi, devient grand enfin, et quel mal! Comment ce qui approche un roi ne seroit pas grand avec lui!

Ce qui est grand *de par le Roi,* ne sauroit guère être grand contre le Roi.

Mazarin étoit tellement élevé à la naissance de Louis XIV, qu'il le tint lui-même sur les fonds de baptême : il est beau de voir le ministre d'un roi mort, répondre devant Dieu de l'excellence d'un roi naissant; et, si un tel ministre n'avoit pas de grandeur dans l'ame, il y avoit là de quoi lui en donner.

Voici un exemple de la dignité d'un ministre sûr des bonnes grâces de son maître : Le cardinal Bentivoglio fut si émerveillé un jour qu'il avoit ouï Jeannin discuter au conseil d'Henri IV, « qu'il lui sembloit, dit-il, que la majesté du Roi » respirât sur son visage. »

Savez-vous ce que peuvent dire les ministres qui *ont le temps de servir* leurs maîtres? Michel Letellier, chancelier, dit hautement en mourant, que, « depuis quarante-deux ans qu'il » servoit le Roi, il avoit la consolation de ne lui » avoir jamais donné de conseil que suivant sa

» conscience, et de n'avoir jamais souffert une » injustice qu'il pût empêcher (1). »

La grandeur et jusqu'à la vie d'un roi paroissent tenir à la grandeur et au maintien de ses ministres.

Empson et Dudley, ministres d'Henri VII, en Angleterre, furent aussi deux célèbres victimes de son successeur. Clarendon précéda son roi hors de cour (2); le comte de Straffort précéda Charles Ier, son maître, à l'échafaud, et Malesherbes (s'il est vrai qu'il fut un grand ministre, et Louis XVI un grand roi) y suivit le sien (3).

Ainsi la mobilité du ministère est un principe de destruction, et l'on n'a pas craint d'en faire un principe de gouvernement (4).

Il faut que la prévention à cet égard soit bien générale : il est arrivé une fois à un ministre de Charles X, de supposer naturellement sa pro-

(1) *Essai sur l'Influence de la Religion dans le* XVIIe *siècle*, du savant M. Picot.

(2) Le parlement l'avoit banni en France.

(3) Je trouve neuf autres ministres envoyés dans le même temps à la mort, Foulon, Montmorin, de Brienne, la Tour-du-Pin, Delessart, d'Abancourt, Dutertre, Laverdy, Duranthon; mais je n'ai garde de considérer ici leur mort comme un triomphe, elle étoit un châtiment.

(4) M. de Châteaubriand, dans un chapitre *ad hoc* de *la Monarchie selon la Charte*, intitulé : *Des changemens forcés du ministère*, dit textuellement que, *sous une monarchie constitutionnelle, les ministres doivent changer*, etc.

longation d'une année, et il n'a pu la supposer sans faire rire (1).

Et pourtant la Charte, dont nous faisons la règle par excellence de notre politique, ne fait pas une loi de la mobilité du ministère!

Si après tout ce qu'on appelle le *gouvernement représentatif* supposoit la mobilité du ministère, que faudroit-il penser du *gouvernement représentatif?*

Nous avons vu les résultats et l'histoire de la mobilité des ministres, il est temps d'en voir les causes.

Il y en a de premières, il y en a de secondes.

Les causes secondes sont l'orgueil et l'ambition de ceux qui ne sont pas ministres.

« C'est une erreur de s'imaginer que, tandis » que la vertu, la modération sont le propre de » ceux qui s'opposent aux abus du pouvoir, toute » l'ambition se soit retirée dans l'autre parti (2). »

« Si l'on doit se défier des ministres, croyez- » vous qu'on n'ait pas aussi à se défier de ceux » qui ont envie d'être ministres (3)? »

(1) « Chaque année, le produit des postes va en augmentant; mais chaque année nous employons une partie des produits à régulariser le service. Cela n'est pas suffisant pour faire tout ce qui seroit utile, mais ce qu'ont dit les orateurs qui viennent de parler ne sera pas perdu; encouragé par eux, je ne négligerai pas de leur proposer, l'année prochaine, ce qu'ils paroissent désirer. » *On rit.* (*Étoile* du 9 juin 1826.)

(2) Delolme, *Constitution d'Angleterre.*

(3) M. Cuvier, à la Chambre des Députés.

La cause première de la mobilité du ministère, il faut le dire, c'est la légèreté mise à le choisir; et la Providence, qui doit punir d'un même coup et l'ambition des peuples et la foiblesse des rois, les punit comme elle fait toujours, en les laissant faire.

Il en est de la multiplication des ministres, comme de celle des monarques, et c'est Dieu lui-même qui l'a dit : « Les crimes des hommes » multiplient les princes, la sagesse et l'intelli- » gence de leurs sujets alongent les règnes (1). »

En résumé, la révolution, grâce à son horreur, a perdu la mobilité et la violabilité des rois. Vous l'entendez même parler de leur inviolabilité comme d'un principe! Mais elle s'est réfugiée dans la mobilité de leurs ministres. Celle-ci, à dire vrai, vaut l'autre : elle est le sûr moyen de l'obtenir.

Les libéraux, lorsqu'ils y pensent, prêchent la mobilité du ministère. Supposez-les inattentifs, ils sont les premiers à parler comme les royalistes (2), pour en reconnoître le malheur.

(1) *Proverbes*, c. XVIII.

(2) Il suffira de citer le sentiment d'un La Rochefoucauld et d'un Condé. Le premier raconte en ces termes, dans ses *Mémoires*, comment le prince de Condé se détermina à soutenir l'autorité du Roi contre le parlement

« La cour le considéroit comme le principal défenseur de sa fortune, mais ceux qui le déterminèrent furent MM. le maréchal de Gramont et

Lorsqu'ils s'élèvent contre la dépendance de la magistrature, par exemple, ils crient, sans s'en douter, contre celle du ministère.

« Le chancelier l'Hospital étoit menacé par les » catholiques et les protestans tour à tour. L'on » auroit vu Sully succomber sous les haines de » parti, si la fermeté de son maître ne l'avoit » pas soutenu (1). »

« Sous une monarchie absolue (et par con» séquent dans une monarchie constitutionnelle, » puisque le choix des ministres appartient au » Roi), on peut *s'effrayer* de la succession ra» pide des ministres, parce que *ces révolutions » peuvent annoncer un défaut de jugement dans » le prince* (2). »

Letellier. Ils lui représentèrent que de degré en degré le parlement vouloit envahir l'autorité, que non seulement il vouloit connoître les affaires de la guerre, mais encore se donner le pouvoir *d'ôter le ministre*, afin qu'en même temps il s'attribuât celui d'en établir de nouveaux à son choix, quoique les *mutations fréquentes soient pernicieuses aux états*, voire même qu'il est quelquefois plus *avantageux d'en souffrir un mauvais que de le changer*; qu'il y a péril si l'on souffre une usurpation jusque-là inouie, qu'il n'y a rien d'assez sacré qui ne soit violé par cette licence, que cette *pratique est contraire à la monarchie* et même à l'institution du parlement, que les grands empires ne se maintiennent pas par de lâches conseils, qu'il faut faire épreuve de son courage et de ses forces, et que la justice des souverains consiste dans leur pouvoir.

» Ces discours firent tant d'impression sur l'esprit du prince de Condé, qu'il ferma les oreilles à toute neutralité, sans se soucier de perdre la bienveillance publique. »

(1) Madame de Staël, *Considérations sur la Révolution*.

(2) M. de Châteaubriand.

On ne sauroit trop le redire : la vérité du principe de la stabilité du ministère, comme celle du principe de la monarchie héréditaire, n'a qu'un dénégateur, celui qui se croit le successeur probable du ministère attaqué (1), ou

(1) Un philosophe profond, un très-habile publiciste, Bacon, a très-bien signalé, dans un *Traité de l'Envie*, la cause secrète et la gravité des attaques dirigées contre les ministres, et des flatteries adressées aux rois *Publica ista invidia magis in regum ministros involat quàm in regem ipsum. Attamen, si invidia quasi generalis sit et omnes statûs ministros amplectatur, tunc invidia (quasi occultè) regem ipsum petit.*

Bacon attribue à l'envie certaines oppositions. Un publiciste de nos jours, et qui ne sera pas récusé en cette matière, M. de Châteaubriand, a fait la même observation dans sa *Monarchie selon la Charte.*

« Rien n'est plus commun que de voir la vanité blessée embrasser, » contre son propre intérêt, les plus étranges opinions. Quiconque aujour- » d'hui, par exemple, fait une faute, passe aussitôt dans le systeme ré- » volutionnaire. Les amours-propres humiliés se donnent rendez vous sous » ce grand abri de tous les crimes et de toutes les folies : là se rencontrent » *la plupart des hommes* qui se sont mêlés plus ou moins des affaires » de la France, depuis 1789 jusqu'à 1816 (on peut ajouter jusqu'à 1828). » Différens sans doute par une foule de rapports, ils se touchent du moins » dans ce point · mécontens d'eux-mêmes et des autres, ils mettent en » commun les remords de la médiocrité et ceux du crime. »

On vient de publier avec beaucoup de sagesse, une *Adresse de Mirabeau au Roi, pour le renvoi de ses ministres*, que nous rappellerons encore

« Nous venons, Sire, déposer au pied du trône l'hommage que nous rendons à la pureté de vos intentions, à cet amour de la justice qui vous distingue si éminemment, et qui donne à *l'attachement de vos peuples pour votre personne sacrée* le plus saint et le plus durable des motifs.

» Mais, Sire, une *détestable politique* s'est flattée de vous compromettre avec vos fidèles sujets ; des *conseillers perfides* ont surpris à votre religion, à votre amour, des projets qui, exécutés, auroient créé dans la France un déplorable état de choses, mis l'aliénation à la place de la confiance, et fait avorter toutes vos intentions généreuses, parce que

le protégé probable de son successeur, c'est-à-dire ceux-là même qui seront, s'ils arrivent à

ces hommes redoutent une constitution et des lois dont ils ne pourront s'affranchir. Ces conseillers, *vos ennemis* et les nôtres, auroient violé la foi publique et déshonoré votre regne...... Vous vous arrêterez, Sire, votre humanité se révolte ; vous nous accusez de charger de couleurs sombres des projets avec lesquels vous ne pensez pas qu'aucun homme ait été assez téméraire pour vous approcher.

» Mais, Sire, nous jugeons par ce qu'ils ont fait de ce qu'ils vouloient faire. Diminuent-ils *leurs profusions*, donnent-ils l'exemple de l'obéissance aux lois, du respect pour une *nation généreuse? Ne cherchent-ils pas à étouffer l'esprit public*, à interrompre le commerce de sagesse et de bons conseils qui doit s'établir entre le peuple et son roi ?

» Votre indulgence, Sire, ne doit plus les protéger. Il suffit qu'ils aient risqué de mêler votre nom aux calamités qu'ils préparoient aux peuples, pour que nous ne voyions jamais en eux les dignes coopérateurs de *vos sublimes travaux*.

» Il nous est impossible d'accorder aucune confiance à des hommes qui nous ont fait craindre pour nos foyers tous les maux que la guerre doit en écarter, qui *se sont opposés de toute leur puissance à la circulation des lumières*, qui prodiguent les ordres arbitraires à l'active inquisition qui ne voit que dans la perfection de l'espionnage, le salut des empires.

» Nous ne prétendons point dicter le choix de vos ministres, *ils doivent vous plaire*; être agréable à votre cœur est une condition nécessaire pour vous servir : mais, Sire, quand vous considérerez la route funeste où vos conseillers vouloient vous entraîner, quand vous songerez aux mécontentemens du peuple, *au sang qu'ils ont fait couler dans la capitale*, toute l'Europe vous trouvera clément si vous daignez leur pardonner. »

Proposition d'un acte d'accusation des ministres, par M. Grégoire.

« Il est vrai, Messieurs, que *notre roi chéri*, un monarque qui ne veut régner que par les lois, est obsédé, trompé par des conseillers qui, ayant surpris sa religion et compromis son autorité, veulent le faire régner sur les lois.

» Nous *vivons au milieu des vexations*. Mais c'est en vain que le despotisme agonisant fait un nouvel effort, la raison étend son empire ; elle va consacrer les droits respectifs de son monarque, qui, dans l'*amour de son peuple*, trouvera son plus ferme appui. Il est donc vrai que notre

leur fin, les plus intéressés et les plus zélés à la soutenir.

roi est trompé, et qui trompe le Roi, disoit Massillon, est aussi coupable que s'il vouloit le détrôner. *Notre devoir exige que nous nous ralliions autour de lui, pour le défendre* et pour relever avec lui le temple de la patrie.

» Je demande qu'un comité soit établi pour connoître et réveler tous les *crimes ministériels*, pour dénoncer à la France les auteurs des maux qui affligent la patrie, pour invoquer tout de suite les formes judiciaires, et *livrer les coupables à la rigueur des lois.* »

M. de La Fayette, qui venoit d'être nommé général des gardes-bourgeoises, présidoit ce jour-là l'assemblée constituante.

Les ministres contre lesquels se prononçoient ainsi Mirabeau, M. Grégoire, etc., étoient le maréchal de Broglie, qui, selon Mirabeau lui même, avoit acquis des droits à l'immortalité par la défense de l'Etat, le baron de Breteuil, M. Foulon qui depuis...!

L'histoire de la révolution de 1789 vient assez à l'appui de l'observation de Bacon, sur les causes et l'objet secret de l'opposition.

Alors, comme aujourd'hui, on dénonçoit au Roi la *détestable politique*, les *conseils perfides*, l'*inimitié*, les *profusions* des ministres, leur *opposition à la circulation des lumières*, le *sang* même *qu'ils avoient fait couler dans la capitale*, en un mot, les *crimes ministériels*, dont il falloit *livrer les auteurs à la vengeance des lois*; en même temps qu'on protestoit au Roi *de l'attachement de ses peuples à sa personne sacrée*, de leur *amour* pour elle, etc.

On sait ce qui est advenu.

Les mêmes causes et les mêmes moyens produiroient-ils des effets différens?

« Dans une lettre récemment publiée, M. de Châteaubriand avoit écrit : « Je fus l'année dernière un trop bon prophète ; j'annonçai à la tribune » de la chambre héréditaire les entreprises que l'on méditoit contre la liberté » de la presse et contre la pairie ; me suis-je trompé? Un devoir encore » plus rigoureux me restera à remplir à la session prochaine : avec l'aide » de Dieu, j'espère avoir le courage de tenir le serment que j'ai prêté » comme bon et loyal pair de France. »

« Nous savons positivement, dit aujourd'hui le *Journal des Debats*, que le noble pair s'occupe, au milieu des embarras de sa vie, de remplir l'engagement qu'il a pris avec le public. A l'ouverture de la session prochaine, il compte (si M. de Villèle est encore en place à cette époque

Avouons-le, c'est une belle chose pour la vérité de n'être méconnue que par l'égoïsme !

déposer sur le bureau de la Chambre des Pairs le projet d'une humble adresse au Roi, tendant à supplier Sa Majesté d'éloigner de ses conseils un ministre qui met en péril les institutions de la monarchie, et compromet la sûreté de la couronne *. »

Ainsi donc M. de Châteaubriand fera comme Mirabeau ou comme Grégoire ; comme eux je le crois de bonne foi, mais après tout sa bonne foi, son héroïsme même, l'empêcheront-ils de laisser, comme eux, s'ensevelir le monarque et la monarchie ?

* *Courrier français* du 1er décembre.

FIN.

www.ingramcontent.com/pod-product-compliance
Ingram Content Group UK Ltd.
Pitfield, Milton Keynes, MK11 3LW, UK
UKHW021130230726
13926UKWH00002B/713